देती मातम!
मधूशाला

रमता शर्मा

notionpress.com

INDIA · SINGAPORE · MALAYSIA

Notion Press Media Pvt Ltd

No. 50, Chettiyar Agaram Main Road,
Vanagaram, Chennai, Tamil Nadu – 600 095

First Published by Notion Press 2021
Copyright © Ramta Sharma 2021
All Rights Reserved.

ISBN 979-8-88521-241-0

अंतर्वस्तु

तेरी शराब

लूटा हैं, 'मेरा' आशियां 'तेरी' शराब ने,
'बोतल' में बंद मचले, जो झूठे शबाब ने,
मस्ती में छलके जाम तक, 'वो' ऐसी हूर है,
'जिसकी', नशीली-शोखियां बनती सुरूर है,
'लूटी', मेरी खुशी, 'यहां' तेरी, शराब ने,
बोतल में बंद मचलें, 'जो' झूठे शबाब ने,
अंधेरी गली में बैठ कर, जो तूने चढ़ाई
मदिरालय की साकी ने, जो है, तुझको पिलाई
रंगीन तुझको कर गया, इक ऐसे ख्वाब ने,
'लूटा', है मेरा आशियां, तेरी शराब ने,
अंगुर की बेटी ने है अदा ऐसी पाई
बीवी भी अपनी, लगने, लगी आज पराई ।
देदी तुझे है मस्तियां, झूठे सबाब ने,
लूटा है मेरा आशियां तेरी शराब ने,
गली-गली हुआ है चर्चा, तेरी शराब का
हुस्न खो गया है, मेरे घर की आबका
छहीना तेरा जमीर 'महकश', के 'खिताब', ने ।
'लूटा' है, मेरा आशियां, 'तेरी' शराब ने,
'तूने', पी-शराब, तब आंसू पिये 'मैंने'

छीने जो गहनें तो मेरा दिल लेगा कहनें
'सिखाया', ऐसा ऐब तुझको, किस किताब ने,
'लूटा', है 'मेरा' आशियां, 'तेरी शराब ने' ।

गली-गली हुए मदिरालय

गली-गली हुए, 'मदिरालय' मंदिर, हो गये कम ।
'महकश' के परिवार को देखो, खा गया इक यही गम ।
मदिरा हो गई देवी, मदिरालय हुए शिवालय
व्यसन सुरूर का, सिखाते थे मह, 'के' विद्यालय,
कितने घर उजाड़े ऐ सरकार, तू अब तो थम
गली-गली हुए मदिरालय मंदिर हो गये कम
बच्चा-बच्चा होगा महकश घर-घर जो मदिरा घर होंगे
नारी-नारी बनेगी साकी, फिर चींटी के भी पर होंगे
उजड़-उजड़ जायेगा फिर तो भारत का ये चमन अनोखा
महकशी में डाल के, इसको, जब नेताओं दोगे धोखा
मंदिर में फिर कौन जायेगा, जब मिल जाये रम
गली-गली हुए मदिरालय मंदिर हो गये कम ।
तुमने बढ़ाई इसकी मांग, धोल दी कुएं में है भाँग
घर-घर की बदहाली होगी, मुरझाई हर डाली होगी,
फना-फना सा मंजर होगा, जब टूटेगा भ्रम,
गली-गली हुए मदिरालय, 'मंदिर' हो गये कम,
आशियां हर होगा 'वीरान', कौन रखेगा इनका ध्यान,
वो परिवार के बाकी लोग, लिखे जिनके महकश संग जोग
महकश को तो मौत न आये किन्तु निकले इनका दम

महकश के परिवार को देखो खा गया इक यही गम
बच्चों ने मांगी रोटी तो
चप्पल उतार मारी
बीवी ने मांगे पैसे
तो, छिटियों की मार-मारी
किन्तु शराब से ना छूटी ऐसी उसकी यारी
महकश को लगा गई है, शराब की बिमारी
भयभीत बीवी बच्चे
भयभीत है पड़ौसी
बाजुओं में अपनी
बोतल रखे है खौंसी
कपड़ों की तंगी बीबी सहती रही बेचारी
महकश को लग गई है, शराब की बीमारी
तमाशा देखती है बिन पैसों के ये दुनिया
उधार भी ना देता अब उसको कोई बनिया
भुखमरी से उसकी संतान गुजरती है
अबला जो पीछे आई, कुछ कहनें से डरती है,
फट चीथड़े हुई उसकी अकेली सारी
महकश को लग गई है, शराब की बीमारी

मदनशीन

मदनशीन का क्या ? घर और क्या ? बाहर होता है
उसका 'अपना' जो होता, है, वो 'बस' रोता है ।
'भीषण प्रताड़नाओं का, सबको डर होता है ।
'मदनशीन' नशे में, इक सितम-गर होता है ।
गाली की भाषा, बोली में, आ जाती है
'अपशब्दों' की बाढ़ जुबां पर छा जाती है
'हो जाते अश्लील, आचरण भी अब सारें ।
'मदिरा' का ऐसा, उस पर असर होता है ।

'घर' में कितने, लोग 'उसको' ना, ये सूझे ।
खोल के कपड़ें डोले वो तो जाने-बूझे ।
आ जाती है न जाने, उसको 'कितनी' बातें ।
पकड़े राहगीरों को भी, वो आते-जाते,
मदनशीन का तो, 'मदिरालय' घर होता है ।

'बहन' रहे या 'बेटी' इसका, लाज न आये ।
उसके, सामने ही नारी को वो बहलाये ।
बढ़ जाती है पीकर, उसकी मांगे सारी ।
मदिरा-प्रेमी बनता, तन का भी व्यापारी ।
'कभी-कभी' तो, 'महकश' अपनी हद खोता है ।

'भय' के मारे काँपे उससे, 'उसकी' नारी,
अपनी कमाई, पीकर आये, चाहे सारी ।
'संतानों' को देख के भूखा हो, मन भारी
उसके 'जुल्म' चुपचाप, सहकर रहे बेचारी ।
क्योंकि अपनी इज्जत का उसे डर होता है ।

कभी-कभी तो नाली में भी 'वो' गिर-जाता ।
कुत्ता उसके मुख पर, अपनी जीभ चलाता ।
देखके उसकी नारी का, 'जी' है घबराता,
संतानें मांगे ऐसा, पिता ना देना दाता ।
छोड़ के अपना आशियां, 'नाली' में सोता है ।

मदिरा प्रेमी चाहे इसको समझ ना पायें,
किन्तु हम तो सबको सच्ची बात बतायें ।
'मदिरा' जहर है, जीवन में जो मौत है भरती
'मदिरा', भले-भलों का बेड़ा गर्क है, 'करती'
'मदिरा' के कारण ही, राजा रंक होता है
मदनशीन का क्या घर क्या बाहर होता है
उसका अपना जो होता है वो बस रोता है ।

सजती रहे ये महफिलें

'सजती' रहै ये महफिलें, 'बाकी' भले बरबाद हों ।
महके मतवाले जिये, बाकी दिले नाशाद हो ।
'महखोर' का है जोर, बस, इक कांचकी शीशी तलक ।
'महखोर' की मन्नत यही, साकी सभी आबाद हो, ।
महकशीं, की हंसी भी, मह-खानें की है खनक
जाम चाहे कांच के हो, दिल के टुकड़ें या, फलक
बेच दें ये इज्जतें और आबरू भी चमन की,
गुलिस्तां-ए घर का लुटे, या कि फिर बरबाद हो
'मदखोरी' की है, जरूरत रूपया-पैसा, धन सभी ।
घर की इज्जत और गहनें, चाहै महफिलाद हों
रोके-रोना अपनी मुसीबतों का, हर इक महकशीं
रख देता इल्जामों के ढेर, शाने पे किसी ।
घर वर की कमियाँ गिनाता, दूजों को दुखड़ें सुनाता,
सोचता लुट जाये घर, पर महफिलें आबाद हो ।
'मदनशी' है 'शौक' ऐसा, मुर्दे जिसको करते है ।
फूंक कर अपना घरौंदा, आग सेंका करते है ।
जीते 'जी' मर जाते है जो 'नशा' ये करते है
'जिंदगी' भर मदनशी, न 'शह' से इस, 'उबरते' है ।

—5—

सुरा बुरा सुरूर

'सुरा' सुरूर, 'है' बुरा, धोखा ना इससे खाइये ।
जीवन, भी इक 'सुरूर' है इसे तो आजमा इये
जमी जहाँ हो महफिलें, सुरा के साथ में
रूक जाओं, ना तुम बैठना 'ले' जाम हाथ में ।
ये लाल पानी रंग नही 'खून', है उसका
'जो' बनके जीवन-साथी, आया 'तेरे साथ में',
'तू पीके मस्त हो, 'तो' देखों जल-उठेगा वो,
बनके अगन तपिश की, देखों चांद-रात में,
'सुरा' है ऐसा जहर जिसका हश्र है बुरा,
ये जहर जिंदगी के, सारें नूर ले-उड़ा
'शायर', ने इसका, कर दिया हो, नाम भले ही,
'किन्तु' जहान में, बहुत बदनाम है 'सुरा'
कसम दे दोस्ती की यदि भरके पैमाना ।
'दोस्ती' की खातिर 'भले' जहर, पी-जाना ।
'लेकिन', सुरा, को 'ना' कभी, मुख से लगाना ।
बन जायेगी इक दिन नहीं 'तो' रोग पुराना ।
'सुरा' है दोस्तों, का यदि, शौक तुम्हारें ।
'खुदा' के लिये दोस्त, ऐसे छोड़ आइयें
इक बार जो पकड़ी तो चिपकेगी जौंक 'सी'

'मुश्किल', पड़ेगा, 'इससे' अपना 'पिण्ड' छुड़ाना ।
आबादियाँ-बरबादियों में, बदल देगी 'ये' ।
'दोस्त' बनके, 'दुश्मनी' सा, दखल देगी ये ।
पल-भर में राख, कर देगी 'ये' आशियां तेरा ।
जल जायेगा ये घर, 'कि' पहलें संभल जाइयें ।
सुरा सुरूर है बुरा धोखा न खाइयें
जीवन है खुद सुरूर इसे आजमाइयें ।

—6—

महकश का घर

'आओं' देखों महकश का घर
बिखरा-बिखरा सूना मंजर
यह देख ह्यदय होता झर-झर
आंखें झरनें लगतीं झर-झर
औंधा पड़ा वो पीकर मह,
बच्चों को मिलती उल्टी-शह
'नारी' उसकी रोती रह-रह
बेटी 'बिन' प्राण सी, लगती देह
यह देखके दिल ऐसा जलता,
मानों हो खाया कहीं खंजर
आओं देखों महकश का घर
'तन' पर ना कपड़ें पूरें
चूल्है में ईधन के झूरें
आटे का कनस्तर खाली है ।
टूटी-फूटी इक 'थाली' है
घर क्या है दिखता है खंडहर
आओं देखों महकश का घर ।
बच्चा करता अब हमाली है ।
पर फिर भी पेट तो खाली है,

पिता की सब जिम्मेंदारी,
नन्है कंधों ने संभाली है,
हर पल रहता 'इज्जत का डर'
आओं देखों महकश का घर ।
देखों नारी की लाचारी
तन पर है नाम को बस सारी
कैसे वो करें 'दुनियादारी'
फिरती दर-दर मारी-मारी
चिन्ता है कैसे चलायें घर ?
'आओं देखों', महकश का घर
फिर भी देखों मह बिकती है ।
हर महफिल उससे सजती है ।
लेके सरकार का आलंबन
लगा लेबल सुंदर दिखती है
चाहै ये उजाड़ैं, "कितनें घर"
आओं देखों महकश का घर ।

मह गढ़ती है जुल्म की दास्तान

मह देखों गढ़ती है, जुल्म की दास्तान
मह की ज्यादती ने किये, कितने ही कुर्बान
महकशी है ऐब ऐसा जिंदगी में दोस्तों,
रहनें देना जो कभी, हकीकतों के भी निशां
रोते है अपने नसीबों पर वो बैठकर सभी
मदनशीनों से जुड़ी है, जिनकी कोई दास्तान
रिश्तें महकशी के खाक होके रहते है ।
घर अतीत बन रहै, घराना बने कब्रिस्तान,
मह ने मारें बूढ़े बालक और, ये सारे नौजवां
झूठे, 'सुरूर' के लिये दे रहै है, अपनी जान
'मह' की बोतल शान उनकी, महखाना पहचान है
महकश महफिल में रखता है, ज्यादा पीकर अपनी आन,
जुल्मी और अत्याचारी बनके रहते है यारों,
गंगाजल ना पीकर, जो करते है, मदिरा का पान ।
रहनें ना दे कोई भी, 'सदगुण' ऐसा ये महकाना है ।
'छोड़ो' हलाहल, ये पीना 'जो जीवन तुमको पाना है' ।
जहर तो मारें कस के इकदम किन्तु मह-की मीठी मार,
मदिरा नही, "गुणियों" की धरोहर, है अवगुण का, ये व्यापार
फिर भी सुंदर लगता है, मदिरापान का जो आचार
पहलें, अपने हाथों फूंक दो, अपना सारा घर संसार ।

—8—

पी, मत, बाबुल

पीमत बाबुल महका प्याला, मेरे मुख से छीन निवाला
तेरी लाडली मांगे तुझसे, छोड़ दे ठेका मदिरा वाला
जिस कोने से भी तू जाये, लोग भले है, मुख को छिपाये,
'तेरे' पुराने साथी संगी, तुझसे मिलनें अब ना आयें,
इस प्यालें ने पी ली इज्जत, तेरा मान भी है, खा डाला

पीमत बाबुल महका प्याला, मेरे मुख से छीन निवाला
तुझको देखकर सब हंसते है रिश्ते जो तेरे लगते है
नाम से भी तेरे है बिदकते, देख के तुझको सब है भड़कते
संबंधों की अर्थी कर दी, रिश्तों का है जनाजा निकाला

पीमत बाबुल महका प्याला, मेरे मुख से छीन निवाला
थू-थू करता गली मोहल्ला, सुनकर तेरा हल्ला-गुल्ला
सीधी चाल भी चल न पाये, कभी कहीं भी 'तू' गिर-जाये
तू सोचे तूने मह पी है, पर मह ने तुझको 'पी डाला'

पीमत बाबुल महका प्याला, मेरे मुख से छीन-निवाला
'शर्म' तो तुझसे दूर हो गयी, इज्जत चकनाचूर हो गई
आब हया भी हवा हो गई, मह अब तेरी दवा हो गई
इसनें खा ली तेरी कमाई, गृहस्थी को तेरी खा डाला

पीमत बाबुल महका प्याला, मेरे मुख से छीन निवाला
मुझ पर सब है नजर उठाते, देखे जब बाहर को जाते
आधे हंसते है मुझ पर तो, आधें हमदर्दी है, दिखाते
ले, के शराफत में चोले में पीछे, आते ये मन काला

पीमत बाबुल महका प्याला, मेरे मुख से छीन निवाला
रही ना कोई सखी सहेली, तेरी लाडली हुई अकेली,
मां बेटी का कोई रहा ना, ना कोई साथी ना हमजोली
तेरी मह के इस प्याले ने, मानों दे दिया देश निकाला,
पीमत बाबुल महका प्याला, मेरे मुख से छीन निवाला

—9—

मदिरा ने रौंदा घरौंदा

बिखरा-बिखरा सा है घरौंदा मदिरा ने इसको है रौंदा
ख्वाबों की दुनिया दिखलाये, मदिरा लेकिन घर है जलायें
बालक बाला सारें बिखरें, पहनें दिखते तनपर चिथड़ें
नारी की तो आब चली गई, जिस घर में शराब चली गई
नन्हैं मुन्ने भूखें प्यासे, 'खायें' शराबी 'मह' के बतासें
जननी की आंखें है रोती, कहां से दे बच्चों को रोटी,
सूनी हांडी खाली भात, टूटा चूल्हा टूटी खाट,
दिन भूखें गुजरें है, लेकिन कैसे गुजारें भूखें रात
नन्हैं अपनी मां से पूछें, क्यों ना अन्न हमारें पास
चाचा के तो महल खड़ें है, चूती झोपड़ी अपने पास,
मां मुझको है लोग चिढ़ाते कि, शराबी तेरा बाप
बाप शराबी है, लेकिन कह, मैने कोई किया क्या पाप ?
मैं बहुतेरा चुस्त हुं, लेकिन, मुझसे सुस्त इज्जत पाते,
क्योंकि वो सरकारी पिता के, अच्छे पुत्र है कहलाते ।
'मां' मेरी अच्छी करनी भी, लोगो को ना लुभा पाती ।
छिः छिः करते मित्र मुझ-गृह से कहते, मह की बू आती ।
महमती को लेकिन कौन, सुनाये परिजन का दुखड़ा ।
तेरा धन मदिरालय जाये, घर में नही रोटी टुकड़ा ।
बिलख रहे है भूखें प्यासे, जो तेरी जिम्मेदारी ।
फिर भी तू बेहोश पड़ा है, वाह मदिरा की बलिहारी ।

चंद रूबाइयाँ

प्रातः उठत जो तुझे बुलाये
प्रातः उठत ही हो आसक्ति
कैसा है ये मधुप्याला
मंदिर को जाना भूले पर
मदलोभी गये मधुशाला

जीवन के प्रचंड. ताप भी
जिसको पीकर शांत हुए,
घर-घर में वो कलह मचायें
कैसी है ये मधुशाला - 1

छीने रिश्तों की गहराई
कितना छिछला मधुप्याला
हर हरकत हो जहां छिछोरी
कहलाती वो मधुशाला
मन के भाव मरें जहां जाकर

निर्भावी दिखती साकी,
नीरस जीवन करती सबका
फिर भी रसमय मधुशाला - 2

कहां गया वो स्वर्णिम गृहसुख
कहां मिला सुख, पी हाला
बन गया जहर, मदनशी का जीवन
डाह लगा नई मधुशाला ।

घर को बेच के मूल्य चुकाये
हाय, इसे पीने वाला
घर-वर के सुख साधन छीने
सुख लूटे ये मधुशाला - 3

पतझड़ सा फिर हुआ है जीवन
रस इसका सब पी डाला
फूल-फूल का नूर चुराकर
भरा गया ये मुधप्याला,

स्तंभ विहीन हुई हर शाखा
पत्ता-पत्ता हुआ वीरान,
उस गुह की जड़ हुई खोखली
जिस गृह आई मधुशाला - 4

क्या उसको आवश्यकता है
पड़े पेट में निवाला
जिसने अभी-अभी पीया है
मस्त-मस्त मदिरा प्याला

पीकर मस्त हुआ जाता है
प्रेम उसे मदिरा से है,
घर-वर का वो नेह है भूला
भटका गई है, मधुशाला - 5

सामंतो से सत्ता छीनी
राजा रंक बना डाला
नवाबों के शाही ठाठ
भी पी संग गया मदिरा का प्याला

राजा रजवाड़ों को भी
जिसने दर-दर भटका डाला
निर्धन को आबाद रखेगी
कैसे फिर ये मधुशाला - 6

प्याले से प्याले में जाती
तब चमकती है हाला
किन्तु पीने वाले कातो
दीप सदा बुझने वाला
घर में अंधेरे रहते घेरे

दूर तलक नीर वता है
जिस घर का स्वामी हो जाये
मधुप्याले का मतवाला - 7

लाल रंग को लहु के जैसा
लहु पीये, पीने वाला
फेन बनी मदिरा मत समझों
ये घर के उर का छाला

'महकश' सब भूले गम अपने,
गम बने सब, घर-वर का,
रोते देख दूजो को हंसता,
मधुशाला जाने वाला - 8

अधनंगे बदनों में जब
बांटे साकी मधुप्याला
ढंकी-ढांपी, ''नारी से, घर में''
मुख चुराये, पीने वाला

व्यसनी उत्तेजना में अपनी
खेले अपनी इज्जत से,
धन, धरम, और चरित को
खा गई, ऐसी है, ये मधुशाला - 9

प्रियतमा को भुला दे अपनी
ऐसा है, मधु का प्याला
साकी को बांहों में भरकर
सुख पाता पीने वाला

गृहस्वामिनी रिक्त हृदय फिर
तकती राहै साजन की
मांग रही है, यहीं दुआयें
बंद करों, ये मधुशाला - 10

मदप्रेमी के मुख से निकलें
मधु, मदिरा, मादक, हाला
ख्वाबों में हर पल बसता है
कल्पित इक चंचल प्याला

ख्यालों में रह सुमुखी
साकी, खींच रही है हर पल
फिर, मानों मुक्त आमंत्रण देती
उसको, तेरी मधुशाला - 11

तन पर मैले वस्त्रों संग
बाल बंधु सब बिलखाते
किन्तु सज्जा से परिपूरण
मधुशाला में पीने वाला

घर में भात ना पूर्ण,
बिछौने, भांडे नही है खाने,
को, ''अपना प्याला पा ही','
जाये, मधुशाला का मतवाला - 12

पीकर, बहके मधुशाला में,
मधुप्याले का मतवाला,
मधु विक्रेता, धक्का भी दे
'फिर', भी जाये मधुशाला ।

घर में बालक हाथ पकड़ कर
बैठायें, उसको हर-दम
किन्तु धक्के दे घर-वर को
वो जाता है मधुशाला - 13

घर वर का सुख भस्म
करें तो, बनती है फेनिल छाला
पीकर फिर भी लुत्फ उठाये
पर इसको पीने वाला,

'दीवाना' ये जान न पाये
गुहस्थी को तो भस्म किया,
खानदान, उजाड़ें जिसने
ऐसी है ये मधुशाला - 14

पीकर जो हुंकार भरे तो
सिंह समझता है खुद को
किन्तु गीदड़ से बदतर है
जो पीता है ये प्याला

इस हाला को गलें लगाये
और बहाना हो गम का,
जाने, ना, दुख और बढ़ाती
ये सुखदायी मधुशाला - 15

जीर्ण-क्षीर्ण हालत है घर
की चूल्है में जलती ना आग
फूटे बरतन दिखा रहै है,
घर वालों के फूटे भाग

किन्तु मदमती को ना है,
आती देखों लाज जरा,
बेशरमी से, फिर जाता है
रोजाना, वो मधुशाला - 16

जीवन संगिनी ओढ़ के बैठी
है, 'झूठा' मुख पर परिहास
गहराई तक नैन दिखाते,
जीवन, उसका कितना उदास,

सुख-दुःख का आलंबन
बन, जो जीवन-साथी बना
यहां उसका आलंबन बन
गई कैस ? जाने मधुशाला - 17

ओ मदमस्तों 'मह प्रेमियों'
इतना तो अहसास करों
दोहरी कीमत मांगे तुमसे
नन्हा सा मह का प्याला

इक तो इसका दाम चुकाओं
गँवा, कमाई पसीनें की,
दूजा इज्जत और सुख छीने
अद्भुत, है, ये मधुशाला - 18

इसकी चपलता देख के रीझे
हर कोई पीने वाला
किन्तु इसने गृह बाला की
चंचलता को खा डाला,

समय से पहलें समझदार
हो, मासुनियत खो दी उसने,
चंचल, सरल, निश्छल, बचपन,
को चट कर गई मधुशाला - 19

पर गृह में भी सुख ना
पाये, मदनशीन की वो तनया,
जिसके पिता को भाता,
देखो, रोजाना मह का प्याला,

व्यंग्य कर रही 'सासें' उस पर
ननंदे मार रहीं ताना
छोटे देवर चुटकी लेते,
भाभी कैसी ? मधुशाला - 20

हो मदमस्त गिरे गड़्ढों में
मुख पर चुंबन देते श्वान
पंक-पूरित तन मन हो उसका
जो पीता मह का प्याला

वाणी का संयम भूले और,
ऊँच-नीच का रहे ना भान
शीलवान फिर हों अश्लील
जो जाते है, मधुशाला - 21

सामाजिक पद प्रतिष्ठा भी
धूमिल हो जाती है उसकी
जिसके अंधरों पर चुंबन दे
ये अलहड़ मद का प्याला

बके अनगर्ल भरी सभा में
या फिर हो जाये गुम-सुम
बात-बात पर रोने लगता
मधुशाला जाने वाला - 22

संगी साथी मुख को छिपाये
मदनशी जो सामनें हो
अपना तन भी उसका ना हो
जिसके तन में हो हाला

परिजन' भी घृणा, से देखे
उसके जो आधीन रहै,
हालत पर उसकी फरमायें
जाते क्यों हो मधुशाला - 23

उसका घर फिर बिन पैसे का
रंग मंच बन जाता है,
नित नये फिर रंग दिखाती
जिसमें रंगीली ये हाला

'आस-पड़ौसी' कान लगा
कर, सुनते, 'होते' आनंदित
ताली दे, दे, हंसते कहते
अदा दिखाये मधुशाला - 24

गाढ़ी कमाई अपनी लुटाता
पी पीकर इस हाला को,
पत्नी बच्चे सिर पीटे
जब मुख में नही निवाला हो,

ये ऐसी नागिन है जो कि
डस जाती है स्वाभिमान
दस-दस रूपयें मांगता फिरता
मधुशाला जाने वाला - 25

निर्धन से तो धन ही छीने
धनीयों से ले जीवन छीन
इज्जत का फिर ग्रास बना
कर खा गई, देखों ये हाला

भरे समाज में हुए अकेले,
मदलोभी के 'ये' परिजन
तन-मन इनके ज्वाला बनते
किन्तु जले ना, मधुशाला - 26

इसके रंग ने रंगा जिसे,
ये उसका है रंग महल
किन्तु घर वीरान बिनाये
मदनशीन का ये हाला,

कभी-कभी तो इतना भी
गिर जाता, 'इसका स्तर'
घर-वर को, शमशान बना दे
तब जाये, 'वो' मधुशाला - 27

बच्चा मांगे स्लेट तो
उसको बैल्ट दिखाता मदमती
खुद का जीवन "रंग बना"
पर बचपन खा गई, 'ये हाला'

'खुदकुशी' ही कभी-कभी तो
बनती है उनकी साथी
जिनका जीवन, त्रास बना दे
ये डाकिनी, मधुशाला - 28

भस्म हो जाये वो लतायें
जिनसे बनती ये हाला
बह जाये वो मृदा बनाये
जो निष्ठुर मद का प्याला

या तो फिर पिपासित ना हो
रखे पिपासा जो मह-'की',
या, फिर शीतल जल बरसाये
"मह" बरसाती, मधुशाला - 29

ब्राह्यमण, क्षत्रिय, वैश्य, शुद्र
सब पीते इक पैमाने में
संस्कार और आचार ये
खा गई है ऐसी निर्मम हाला

हर वर्ग का अपना होता
है, अलग इक चाल-चलन
भाषा का व्यापार करा गई
है, व्यापारी मधुशाला - 30

पी प्याला जो इस हाला का
खोये सुंदर जीवन प्याला
बूंद-बूंद मंदिरा खा जाती,
बूंद-बूंद जीवन माला

मदनशीन मरता है हरदम
फिर दिल में, 'ले' ये, अरमान
अंतिम-दर्शन करले, मह 'के'
'ले चलों इसे', मधुशाला - 31

बैरागी बन जाता जग से
जिसको इसका राग लगे
शीतलता का अनुभव पाया
चाहे दिल में आग लगे

खुद को ठंडक दे दे प्याला
किन्तु भस्म हुए परिजन
जिनके सुंदर स्वप्नों में
ये आग लगा दे मधुशाला - 32

मधु प्याले का प्रेमी देखों,
ढूँढ ही लेता है हाला
चाहे, कहीं बारात सजे,
चाहे, अर्थी की, हो ज्वाला,

इसका 'कोई' अपना ना है,
सिवा, प्याले की हाला के,
मदप्रेमी का दुःख केवल है
पहुंच ना पाना मधुशाला - 33

हिन्दु, मुस्लिम, सिक्ख, इसाई,
एक करें सबको हाला
किन्तु प्याले ने ही दी है
ये सांप्रदायिकता की ज्वाला

पीकर याद करे धरम का
पाखंडी पीने वाले
एक-एक को लड़ा रही है
ये नेता सी, मधुशाला - 34

चलन चलाया ऐसा कुछ है,
आज यहां मुधप्याले ने
पूर्ण कोई आयोजन ना हो
जब तक ना हो ये हाला,

मदमती ले प्यालों बैठे
चाहे सुख हो या दुःख हो
साथी संगी मिल ही जाते
घर बन जाता मधुशाला - 35

रंभा सी दिखती ख्वाबों में
हर दम इक साकी बाला
इन्द्र स्वयं को लगें समझने
पी मधुघट की ये हाला

गृहस्वामिनी भाती ना है
उर्वशी दृष्टकल्पित हो
घर-घर में सौतन बैठायें
दुश्चरित्र ये मधुशाला - 36

हाथों में आने से पहलें
मन ललचाता है, प्याला
अंधरों से लगते ही देखों
रंग बदलता है, प्याला

आँखों में मदहोशी आती
जुबां अजब सी 'लड़खडाती'
गाली की भाषा ये कर दे
ऐसी हाला दे मधुशाला - 37

'नारी' रूदन करती बहुतेरी,
बिलखाये घर की बाला,
बन सुरूर जिसकी आँखों में
बहके मदिरा का प्याला ।
तन-मन जल कर खाल बने,
उस घर की संतति का
जिस घर के स्वामी को भाये
ये मधुशाला की हाला - 38

भर यौवन में ज़र जैसा हो
रूप मह के लोभी का
आयुहीन, श्रीहीन बनाये
ऐसा मदिरा का प्याला,

तेजहीन गुणहीन बने, 'वो'
जिसने इसका स्वाद चखा,
नित अपने ही रंग डुबाये
ऐसी है ये मधुशाला - 39

मदिरा रानी है व्यसनों की
और मद की महारानी है,
सुरबाला सा समझे इसको
लेकिन महका मतवाला ।

पर ना जाने इस हाला
ने बनकर अंगुरी बाला,
भले भलों को दास बनाया
और सजादी मधुशाला - 40

जितना जहरीला है हलाहल
उतना विषैला है प्याला
निष्ठुरता की सीमा लांघे
इतनी निष्ठुर है, हाला ।

उर की तैनिकता जो छीने
उतनी अनैतिक है साकी
फिर भी रसिक है महकश
देखों रसमय उसकी मधुशाला - 41

चाहे घर में तम छाया हो
मदनशीन की दीवाली
खुशियों के दीपों की माला
है पा जाती ये हाला

होली का त्यौहार मनाता
रंग-जमा, 'मह' का प्याला
बेरंग चेहरे घर वालों के
रंग रंगीली मधुशाला - 42

दो पैसे की मजदूरी भी,
इस हाला का ग्रास बने ।
मजदूरों का श्रम भी देखों
बच्चों के हित त्रास बने,

खाने को अन्न नसीब हो ना
बस, "मिल जाये मधु प्याला"
जग पर चाहे हो, "अकाल"
पर रहै "सुकाल" में मधुशाला - 43

धरा की प्यास भले ही सावन
समय सार ना बुझा पाये,
मधु प्रेमी की तृषा बुझाये
किन्तु हर पल ये हाला ।

बिना मेह के वसुधा तप
कर, तिड़क-तिड़क बेनूर बने
किन्तु अपना नेह बरसाये
बिन बादल के मधुशाला - 44

पीने वाला पीता जाये
जीवन के क्षण भी अपने
ज्योतिष भी फिर समय ना
जाने ऐसी मृत्यु दे हाला

किन्तु महलोभी को देखो
कड़वे घूंट का लोभ लगा
दूध सरस गऊ माँ का छोड़ के
''पिये सड़ाँध जा, ''मधुशाला'' - 45

उसके त्रास की दे के दुहाई
दुआ करे उसकी बेटी,
'मुझको' ऐसा बाप ना देना
'जिसको' भाये मह प्याला,

''सिर पर दे रोती हाथों को''
हर-पल उनकी भामिनियां
जिनके भरतारों को पुकारें
दिन रैना ये मधुशाला - 46

अरमानों के कूंड़ों में फिर
खाक भरे बन कर ज्वाला
सारें स्वप्न हो दिवा स्वप्न
फिर, जब हाथों में हो प्याला

महकश का तो कर्म ही मदिरा
धर्म भी 'मह' बना डाला
डूब के रह जाये मदिरा में
ऐसा गर्व है, मधुशाला - 47

जीवन का अस्तित्व है खोती
आँखे रोती घर वर की
मदनशीन हंसता हाथों में
लेकर मदिरा का प्याला

घर-वर की जिम्मेवारी को
देता है वो तिलांजलि
जीते जी श्रद्धांजलि देती
परिजनों को मधुशाला - 48

नन्है बालक की नेकर में
जगह-जगह लगता पैबंद
सारी को कारी लगवाता
नारी की, मद का प्याला

फिर सूट और बूट पहन
कर, नित नया श्रंगार करें
जाकर फिर साकी को लुभाये
मधुशाला जाने वाला - 49

बिन हथियारों जुर्म है ढ़ाता
घर-वर पर मह का प्याला
जहर पिये और जीवन पाये
पर इसको पीने वाला ।

कितने घर है इसने उजाड़े
बिन तुफान व बाढ़ों के
घर-घर में तुफान उठाती
अत्यचारी मधुशाला - 50

बाहर निकलने में शरमाते
मदनशीन के परिजन तो
झूमता-गिरता जब घर आता
वे पीकर मह का प्याला ।

घर में कैद है होकर रहते
नारी और मासूम सभी,
परिजनों के हित जेल बन गई
पर आजाद है मधुशाला - 51

विकसित ना हो पाते 'बालक',
'पालक' जिनका महकश हो ।
प्रतिभाओं को ही खा जाये
नन्हो की, मह का प्याला

पीकर करता मौज जगत में
मद-प्रेमी ''संग मदिरा के''
कुंठित जीवन कर दे लेकिन
बच्चों का ये मधुशाला - 52

जीवन को अभिशाप समझते
महकश के नारी बच्चे
सुंदर जीवन नर्क बना गई
फिर भी सुंदर ये हाला

बिखर रही है कहीं-कहीं तो
गृहस्थी की माला इससे
घर की ताकत को बिखराती
तिनका-तिनका मधुशाला - 53

नौजवानों की तो छोड़ो
बूढ़े भी रसिया इसके
राम नाम की ज्योति बुझा
दी बनी दानवी ये हाला

आंतकी होते है बूढ़े
भरते कड़वे घूंट है जब
बुजुर्ग पने की इज्ज़त डस गई
बन कर नागिन मधुशाला - 54

बच्चों से धक्के खाते है
भर कर घूंट बुढ़ापे में
मुँह लगते है बच्चों के
फिर, पीकर बकवादी हाला

लाज शरम को घोल पी गई
शरबत जैसे गई 'डकार'
निर्लज्जों की सभा बुलाये,
नित-साँझ को मधुशाला - 55

फूटा नसीबा उसका जिस
पर पड़ी दुखद वारूणी छाया
हाला की सरमस्ती में
जब कोई झौंराता घर आया

मद्य रसिक का जीवन काला
पी गया उसको दुर्जन प्याला
रहा सहा जो धन था ले गई
मधुशाला की मधुबाला - 56

कलिहारिन की सूरत भाती
मद्यपरस्त को दिन रैना
प्याले की मीना बिन उसको
आता ना, पल भर चैना

घर में नित्य उपाय खोजे
मद्यपान हित पाखंड़ी
बुद्धि का चातुर्य बढ़ाये
ये चातुरी मधुशाला - 57

चश्रु बन गये चषक हला के
पल-पल नृत्य करे हाला
दीन धरम सब छीना जिसने
बेईमान बे धरम प्याला

मधुप्रणय में भूला प्राणी
जीवन के दूजे सब नेह
स्नेह पात्र को कुटिल बना गई
ऐसी कपटी मधुशाला - 58

जीने की ये कला भुला दे
ऐसी मोहिनी है हाला
जीवन में मृत्यु को
बिछादे ऐसा निर्मम है प्याला

अपने रंग में रंग ले सब को
जोगी, संत हो या भोगी
सबके आचरणों को गिरा, दे
दुराचारी ये मधुशाला - 59

दुल्हन के श्रंगार को छीने
सौम्य मृदुल व्यवहार को छीने
नवोदित वर जब घर आये
पीकर मह का ये प्याला,

प्रेम की जीवंतता खो जाती
वासना अपना रंग दिखाती
पुष्प की शैया कांटा कर दे
बन के बीहड़ मधुशाला - 60

क्या कहना अब इस हला का
नारी को भी इसने छला
अब तो चाव बनी नारी का
ये हाला बन कर के बला

शादी पार्टी या हो उत्सव
नारियों को भी रंग चढ़ा
आज की नारी घर तो भूली
याद कर रही मधुशाला - 61

आधुनिकता के आडंबर
बन-गये सहयोगी इसके
पश्चिम को पूरब ले आया
'मह' का अद्भुत ये प्याला

शुद्ध रसन भी बने 'व्यसन'
है, हाय बड़ा दुःख अब होता,
सात्त्विकता की संस्कृति ले डूबी
है, ये दुर्जन मधुशाला - 62

कौन भला किसको समझाये
सब पीते है यह प्याला
या नर या बूढ़ा हो कोई,
नारी हो या हो बाला

लुट गये धरम, धीरज भी लुट गये
दूजे से बढ़कर एश्वर्य को
करने प्रदर्शिन सब निकले
लूट के ले गई मधुशाला - 63

'ये वो शह ना', जिसे बोल
भी, दो तारीफ के मिल सकते,
घर तो घर, 'दिल को भी'
जलाये, ऐसी है ये मधुशाला

दुःख होता है जब पथ दृष्टा
झूम रहै लेकर प्याला
नई पीढ़ी को लुभा रही,
तब ही तो ये मधुशाला - 64

ओ बड़प्पन रखने वालो
त्याग करों तुम ही इसका
सुख व चैन का जीवन जो
हो, तो जीवन है, खुद हाला

मत जोड़ो झूठे प्रलोभन
देकर जवानी को इससे
बचपन यौवन ज़रा बिगाड़े
है, बिगड़ैल ये मधुशाला - 65

आश्रय ही देना हो, 'तो' दो
दुग्ध भरी संस्कृति को,
क्षीर के फिर से प्याले भर दो,
भग्न करों ये मधुप्याला

मेरी आँखों ने सपना ये
देखा है फिर गोकुल का
माखन मिश्री की धारे हो
नजर ना आये मधुशाला - 66

घर-घर में कान्हा फिर आये
और हो गउओ की शाला
हर बालक के हाथों में
सुशोभित हो दुग्धी प्याला

माखन-मिश्री बन जायें
आहार सभी के जीवन के,
नंदलाला का रास रहे
दिखे नहीं फिर मधुशाला - 67

ओ मह का व्यापार बढ़ाने
वालों कुछ तो ख्याल करो
मह के सागर में डुबोकर,
खत्म ना हो जीवन प्याला,

आय बढ़ानी है, यदि तो
'दुग्धालय', खोलो घर-घर
जो हर-घर की आय को छीने
बंद करो ये मधुशाला - 68

ये हाला है, एक हलाहल
सुरूर नहीं, 'विष का प्याला'
जीवन में विष घोल रहा है
हर प्राणी के मह प्याला

देना हो तो विष ही दे दो
सीधे-सीधे तुम जग को
उल्टा कान उमेठो क्यूँ हो
कर संचालित मधुशाला - 69

ये प्याला जीवन को लीले
संयम लीले ये हाला,
पौरूष की गुणवत्ता छीने
इस हाला का रस काला

योग को छोड़ के भोग
बसा दे हर प्राणी के जीवन में
तेजस्विता, निस्तेज करें ये,
नूर गँवा दे, मधुशाला - 70

जीवन गुंठित, मन हो कुंठित
'पी' के हर-दम ये हाला ।
'अपराधी' सा बोझिल कर दे
मन को मह का इक प्याला,

ये नहीं दे सकती तुमको
रामायण की संस्कृति,
लौट चलो फिर से दीवानों
छोड़ दो तुम ये मधुशाला - 71

युवा वर्ग की शान बन गया
ये मद-माता मह-प्याला
जिहवा का सुख करने हेतु
शैंपियन नाम भी दे डाला

छीन रही ये भरी जवानी,
कर, मदहोश ''युवा-जीवन''
युवा-वर्ग स्वप्नों में देखे
''अब ना घर'' बस, 'मधुशाला' - 72

जिसकी जवानी बहक रही है
उस भारत का क्या होगा
प्रश्न सभी को भुला गई ये
जड़ बुद्धि कर के हाला

पिता-पुत्र और मां-बेटी
होते, देखो हम-प्याला
बेशरमी को दिया बढ़ावा,
खा गई शर्म को मधुशाला - 73

सुख स्वप्नों सी बन के
घर में घुसती देखों ये हाला,
पर स्वप्नों को जला रहा है
बन के शोला मह-प्याला

जो, न, जागे, तो, 'आयेगा'
इक, दिन, 'ऐसा' भारत में,
मंदिर की संस्कृति को जला
कर, राख करेगी मधुशाला - 74

जाम सजेंगे घर-घर में
और बहेगी ये हाला
दुध ना, पानी, रहेगा फिर
बस, होगा मह का प्याला ।

बन के साकी, फिरेगी घर-घर
लाज है जो घर की बाला,
'हाय', कहीं ऐसा ना हो, कि
घर-घर में हो मधुशाला - 75

लौट चलों अपने संस्कारों में
हाला के दीवानों
भारत भू की शान मिटाने,
आया है, मह का प्याला

तुम ना, सुर, ना, असुर हो
'जौ', कि सोमरस, कह पान करों
तुम मनुज हो, साधारण हो
पर असाधारण मधुशाला - 76

कर ना पाओ कुछ जो नया
तो छीनों ना कंठी माला
ये कंठी का राग ही
भारत भूमि पर थी सुखहाला

कर्मक्षेत्र के कर्मवीर तुम
कर्म में फिर विश्वास करो
नीरस और निर्भाव निकम्मा
करती "तुमको" मधुशाला - 77

जीवन की जागृति को खा गई
जंग लगा गई ये हाला
दृढ़ संकल्प की ताकत पी गया
निष्ठुर ये मह, 'का' प्याला

लील गई वो जोश चाह सब
युवा वर्ग का सुख सौंदर्य
महकशीं का दाग लगा गई
है दागी ये मधुशाला - 78

'मुर्दनी' छाई रहती मुख पे,
रंग चढ़ाती जब हाला ।
असली रंग नैनों का छीने
झूठी लाली दे ज्वाला ।

छीन के ले गई रौनक सारी,
और खुमारी यौवन की,
फिर भी झूठा जोश दिलाती
कपटी है, ये मधुशाला - 79

ज़ार-ज़ार हो रही संस्कृति
डूब छली इस हाला में
तार-तार संस्कार कर रहा
चरित्रहीन मह का प्याला

बचा सको तो, 'बचा लो खुद को'
जागो, भूलो, इसे ज़रा,
पल-पल में तुमको बहकाये,
है, बहुरूपिणी मधुशाला - 80

महप्रेमी को लगेगा मेरा
यह प्रयास सदा सुखहीन ।
किन्तु तुमको दुःख ही देगा
पीने वालों मद प्याला ।

जीवन तो वो सुरा है,
'जिसका' पल-पल मद भरने वाला ।
''डूब के देखो',' इसके मद में,
भूल जाओगेँ मधुशाला - 81

जीवन की कठिनाइयां देगी
तुमको सुरा से कड़वे घूँट
सुख का इक सुरूर सा, देगी
''मंजिल'' बन के इक, 'हाला'

जितना डूबे तुम प्याले में
उतना डूबो कर्मो में
मंजिले तब सामनेँ होगी
कर्म बना जब मधुशाला - 82

स्वार्थ परक व्यवहार बनाता
ये निर्मोही मद प्याला
पर-हित पर चलना सीखो तुम
पर-हित खुद सुंदर हाला

पीकर प्याला गिरते गर्त में
उठा ना पाती ये हाला,
कर्म हीं मदिरा, ''पीकर देखों ''
देखोगे, ना मधुशाला - 83

'ओ' मधुशाला जाने वालों,
एक गुजारिश है मेरी
भग्न करें जो मह प्याले को
वो सबसे ताकत वाला,

फिर से अपना गृह-सुख
पाओ, 'छोड़ दो साकी की तृष्णा',
तुमसे जो जीवन-सुख छीने
त्याग दो ऐसी मधुशाला - 84

अपने बसेरे में लौटेगा
सुबह का भूला जब पंछी
दुगुना उसका सुख कर देगीं
प्रिय के नैनों की हाला

बालवृन्द और परिणीता के
नैनों की सुख वृष्टि से
भूल के साकी के आंगन को
घर में पाओं मधुशाला - 85

जाते हो क्यूँ मधुशाला में
झूठे सुख की तुम खातिर
भीतर तेरे सुख बैठा है
इक सुरूर मन की माला

जीवन का हर रस इक मधु है
और हर रंग है मद प्याला
पल-पल इसका पान करों
जब, 'जीवन खुद इक मधुशाला', - 86

स्वार्थ का ये व्यापार है केवल
मधु बिक्री जो होती है,
सरकारों की आय बढ़ाये
तुमसे छीने धन प्याला,

अब तो जागो बहुत सो लिये
मह पी पी कर दीवानों
यही प्रयास करो तुम मिलकर
मधुशाला में हो ताला - 87

–11–
मेरे कल का क्या होगा

तू डूबा जो मह में बाबुल
मेरे कल का क्या होगा ?

देख तुझे मदमत में सोचू
अगले पल का क्या होगा ?

ज़रा व ज़र को जिसने भेजा
उस बोतल का क्या होगा ?

सुरा ने तुझको असुर बनाया
अब असुरों का क्या होगा ?

पीकर मह का प्याला ऐंठा
गंगाजल का क्या होगा ?

बुद्धिजीवी हो गया पागल
अब पागल का क्या होगा ?

निर्मल था जो मां का आंचल
उस आंचल का क्या होगा ?

श्री युक्त जो रहा जो आंगन
उस आंगन का क्या होगा ?

मैं तेरी परछाई बाबुल
मेरा संबल क्या होगा ?

तू डूबा जो मह में बाबुल
मेरा जीवन क्या होगा ?

नर्क बन गया तेरा जीवन
अब सावन का क्या होगा ?

गर्क बन गया ये घर आंगन
घर आंगन का क्या होगा ?

तेरी क्षमता धरी रह गई
अब ममता का क्या होगा ?

मह की दुनिया रहेगी जिंदा
तो दुनिया का क्या होगा ?

–12–

ओ मह के रचने वाले

ओ मह के रचने वाले संग रचना विष के प्याले
जिसको पीकर गम गलत करले बाकी "घर वाले"
'ओ' मह के रचने वाले, संग रचना विष के प्याले ।

तेरी मधुशाला में आते, मह को ही जीने वाले
बाकी सारे परिवार की हर सुख शह पीने वाले
सारे जाम ना भरना मह के, कुछ जामों में विष भरना ।
कभी नही फिर माफ करेगा, तुझको यहां कोई वरना,
लील गये सारे बंधन ही, तेरी मह के मतवाले
'ओ' मह के रचने वाले, संग रचना विष के प्याले ।

बचपन बीता कलह में मह से, हर सुख रीता 'घर में, मह से',
रही नासीता घर में मह से, दुःख ही जीता घर में मह से,
तूने धूप की छटा में उगले, गम के बदरा ही काले,
'ओ' मह के रचने वाले, संग रचना विष के प्याले

वैसे भी तेरी मह ने, 'हमको' जहर दिया हर-दम
तेरी मधुशाला की हाला, फिर भी भरती कितना दम
लहराके चलने लगते है, सधी चाल चलने वाले
ओ मह के रचने वाले संग रचना विष के प्याले

दुनिया इनको मारे ताना, पिता तेरा महका दीवाना
तू भी मधुशाला में आना, संग अपनी बहिना को लाना
मां के दिल में डाल दिये, ममता की जगह आग के छाले
'ओ' मह के रचने वाले, संग रचना विष के प्याले

समय से पहलें ही मधुशाला, पी गई जीवन का हर प्याला
फिर भी इसको पीने वाला, दिखता सबको सदा निराला
धन तो सारा धोल के पी गई, जीवन इसनें खा डाले
'ओ' मह के रचने वाले, संग रचना विष के प्याले

विधवा बन गई कितनी सधवा, मह में ऐसी जहर दवा
फिर तेरी मह ने कर दी, मह से मह, की यहां पे हवा
समय से पहले पिता को खो, दें बचपन ये भोले भाले
'ओ' मह के रचने वाले, संग रचना विष के प्याले

"पिता कभी पिता रहा ना" हरदम वो पीता ही रहा,
पिता की छांव के अभाव में बचपन ने कितना दुःख सहा
तेरे विष प्याले भी देगे ना वो भार उन्है साकी
जैसी मार को दे गये बचपन, में ही तेरे मधु प्याले
ओ मह के रचने वाले संग रचना विष के प्याले

एक बार ये विष प्याला पी, ये भी मना लें जीवन जश्न
वैसे भी तो तेरी मह से जीवन करता रहा है प्रश्न ?
मर-मर के जीते है, "वैसे" भी तो, 'महकश' के परिजन,
रोज-रोज इस मह की मार से, अच्छी मार ये, विष प्याले ।

नारी के नैनों की मह भी, 'कंर दे फीकी' तेरी मदिरा ।
लेकिन, "तेरी मधुशाला में", फर्क पड़ा ना कभी जरा ।

संग जिसके जीवन है, बिताना, उसको कहां से ये पा, ले ?
जिसका जीवन बने है, तेरी मधुशाला के 'ये' प्याले ।
ओ मह के रचने वाले संग रचना विष के प्याले

पत्नी का सुख इसने छीना, 'बेटी रही है पिता विहीना'
स्थिती से लगती वो दीना, दुःखों ने उससे रंग छीना ।
फिर भी जीवन में रंग भरते, 'पति के उसकी तेरे प्याले' ।
ओ मह के रचने वाले संग रचना विष के प्याले

'कवि' की मधुशाला की हाला, कर गई इसको और निराला
सभी ने इसका रूख अपनाया, चाहे धर्म हो कितना आला ?
बाकी जीवन भी ले ले, तु, कितने तो, ले ही डाले' ।
ओ मह के रचने वाले संग रचना विष के प्याले

तेरी मधुशाला ही दे दे शायद उनको भी कुछ सुख,
जीवन जिन पर मौत बना है, मौत भला फिर दे क्या दुःख ?
तेरे विष प्यालों को पी मर, देंगे दुआ जलने वाले
ओ मह के रचने वाले संग रचना विष के प्याले
जिसको पीकर गम गलत करले बाकी घर वाले

–13–

महकशी की बीवी

वो बिलखती फिर रही, 'यहां'-'वहां' 'गली-गली'
ये पड़ा बे सूध 'महकश', 'औंधे मुंह' गहरी थली

बंधन सात फेरो का, जंजीर बन के जड़ गया ।
'बदनसीब', बेटी किसी की, महकश से पाला पड़ गया ।

वो निकलता रोज घर से जब भी सीना तान कर
निकलती है आह भी तब आज भावी जान कर

लौटेगा मद मस्त होकर अर्धविक्षिप्त मदनशीं
टूटेगा दिल का खिलौना, आज भीतर फिर कहीं

बह चलेगा, 'फिर' से' निर्झर 'भद्र सीमा', लाँघकर
आज फिर आयेगा आटा, ''घर किसी से मांग कर'',

इस पे भी खुश होगी, यद्यपि लौट घर जो, आ, गया
सुबह निकला घर से वापस, शाम फिर जो, पा, गया

कभी कहीं जो लड़खड़ा कर राह में ही पड़ गया ।
देख निकली आह ह्यदय कंपना से भर गया ।

मन ही मन में 'वो' मनौती माने सारे देवों की
हो गई ना हो, 'अनहोनी' सोच कर दिल डर गया ।

नित नई वो मौत मरती महकशीं के साथ में
फिर भी जीती जाती सुखदा जिंदगी की आस में,

होगे कब ये बंद द्वारे मदिरालय के ऐ खुदा
होगी कब फिर महनशीं की चेतना जिंदा यहां

सुख की करके कल्पना वादों से जिसको लाया घर ।
इस सुरा ने कर दिया, प्रिय अमृत घट को भी जहर ।

काश कोई देव या फिर दूत आ जाता यहां ।
इस सुरा और इस महा से ही बचा जाता यहां ।

या कहीं से कोई चिंगारी ही उड़ के आती जो,
और दावानल सा, 'मधुशाला' में 'आ' भड़काती 'जो',

मधुप्रियों को शोक, तो होता, यहां कुछ देर का,
किन्तु फिर से चमन होता हर बसेरा नेह का,

बदनसीबी जाती बदलती, खुशनसीबी में चली
और वो सौभाग्य वृंदा फिरती ना गली-गली,

—14—

बाबुल तेरी मदिरा ने

बाबुल तेरी मदिरा ने 'लूटा' माँ का 'चैन'
बिन सावन की बादरी, बरसे माँ के नैन ।

तू तन्द्रा में डूबा रहता दुख का स्त्रोता घर में बहता
अम्मा के आँचल में भर दी, दुख-चिन्ता की देन
बिन सावन की बादरी बरसे माँ के नैन,

रात दिवस अप-भाषा बोले, बोलों को ना दिल से तोले,
घर के नन्है बेटी, बेटे पाये कहां से चैन ।
बिन सावन की बादरी, 'बरसे' माँ के नैन,

'तेरी' मह की तुझको सूझे,
'माँ' को कोई राह ना बूझे,
तुमको राह पे लायें, सोचे येन-केन-प्रकारेण
बिन सावन की बादरी बरसे माँ के नैन,

तू बाबुल घर-वर का प्यारा, हम सबका इक मात्र सहारा,
लेकिन तेरी मदिरा ने, अब किया हमें बेचैन
बिन सावन की बादरी, बरसे माँ के नैन ।

माँ को चाहत, रही ना तुझमें,
हमको राहत मिली ना तुझमें ।
तेरा सुख तो तेरी मदिरा, घर से रहा ना प्रेम,
बिन सावन की बादरी बरसे माँ के नैन ।

जहर पी गई

कोई वजह ना थी, 'फिर' जहर पी गई,
हाथ किस तरह का कहर पी गई ?
मुस्कराती फिरती थी कूंचो-गली में
रूदन भीतर-भीतर किस पहर पी गई,

जो भी सुनता है रहता अवाक है,
जान नही पाता कि, क्या वजह खास है,
यूँ तो है हयात जनाजे में याफ्ता,
किन्तु हर जुबान, पर अलग ही बात है,

कोई चुपके-चुपके उस पे दोष मढ़ रहा ?
कोई बदनामी सिर छुपा के कर रहा ?
उसकी सफेद पोशी पे कालिख लगा रहे,
क्यों पिया जहर कई कारण बता रहे, ?

चिर-निद्रित आँखें किन्तु, सुखद लग रहीं ?
खुद ठगी गई थी 'यूँ तो', 'फिर भी' ठग रही
खोलना चाहती थी जैसे राज मौत का
दर्द को पी-पी के, क्यों मौन रह गई ?

तभी, वहां पे आया, बहका ''एक मदनशीं''
घट गया क्या घर में, उसको होश भी नही ?
भाषा उसकी भ्रष्ट थी, अल्फाज थे अश्लील,
देखता था ऐसे-जैसे, 'लोग लेगा' 'लील'

बाप था उस लाश का, जिंदा कभी थी जो,
पिता की शराब से, 'शर्मिंदा कभी थी जो,
घूँट अपमानों के, शामों सहर पी गई,
बस यही वजह थी, कि जहर पी गई

वो जहर पी गई ।